DE L'INTRODUCTION

DES

ARMÉNIENS CATHOLIQUES

EN ALGÉRIE

PAR

V. A. BARBIÉ DU BOCAGE

PARIS
LIBRAIRIE D'AMYOT, ÉDITEUR
8, rue de la Paix
—
M DCCC LV

TYPOGRAPHIE DE CH. LAHURE
Imprimeur du Sénat et de la Cour de Cassation
rue de Vaugirard, 9.

Les ouvrages où l'auteur a puisé ses principaux documents sont :

Tableaux de la situation des établissements français en Algérie, publiés par le ministre de la guerre.

Le second voyage de Jacques Morier, plénipotentiaire près la cour de Perse, *en Perse et en Arménie*, traduit de l'anglais par M. M***.

La Russie dans l'Asie Mineure ou *Campagnes du maréchal Paskewitch en* 1828 *et* 1829; précédées d'un tableau du Caucase par F. de Fonton.

Notice sur l'Arménie, par M. Eugène Boré, publiée dans l'*Univers* ou *Histoire et Description de tous les peuples, de leurs religion, mœurs et coutumes.*

Voyage de M. A. de Démidoff dans la Russie méridionale.

Le Sahara algérien, par M. le lieutenant-colonel Daumas, directeur central des affaires arabes à Alger.

Voyage en Perse et en Arménie de M. Amédée Jaubert; 1805-1806.

Quelques articles du *Journal asiatique* et de la *Revue orientale et algérienne.*

Collection du *Portfolio*.

Voyage de Clarke en Russie, en Tartarie et en Turquie, traduit de l'anglais.

DE L'INTRODUCTION

DES

ARMÉNIENS CATHOLIQUES

EN ALGÉRIE.

L'Algérie, dont la conquête fut commencée en 1830 par les Français, est une des plus belles colonies que puisse posséder un grand peuple. Sa surface de 16 000 000 d'hectares se divise en deux régions bien distinctes. L'une, le Sahara, s'étend au sud de l'Atlas; elle est brûlante et peu propre à la culture. L'autre, qui porte le nom de Tell, se trouve comprise entre cette montagne et la mer; la végétation s'y développe d'une manière surprenante, et près de 6 000 000 d'hectares peuvent y être employés à la colonisation. Elle présente un grand développement de côtes où s'ouvrent les rades de Bone, de Philippeville, de Bougie, d'Alger et d'Oran, qui sont autant de débouchés pour ses productions.

La possession de l'Algérie est destinée à rendre la France maîtresse de la Méditerranée.

Presque en face de cette contrée, à quarante-huit heures de ses côtes, se trouvent les ports de Marseille, de Toulon et de Cette pour la protéger et recevoir ses denrées. Bientôt un réseau de chemins de fer y viendra chercher ses productions pour les transporter en vingt-quatre heures dans la capitale et les disséminer par toute la France.

Cette proximité serait cependant de peu d'importance si l'agriculture ne devait pas mettre l'Algérie à même d'être un jour utile à sa métropole; mais la colonie présente encore, indépendamment des considérations politiques ou géographiques, toutes les garanties de fertilité désirables. La terre végétale descend, dans presque toutes ses vallées, jusqu'à trois ou quatre mètres de profondeur, et il n'est rien qu'un pareil terrain ne puisse produire, quand sa force nutritive est secondée par un beau soleil et par des eaux abondantes quoique encore mal distribuées. Le blé y vient d'une façon telle, que cette contrée promet d'être, dans les mauvâises années de notre patrie, le grenier de la France, comme elle fut jadis celui de Rome. Le coton, l'opium et le tabac donnent les plus beaux résultats. On y trouve de la cochenille, de l'indigo, des huiles d'une pureté remarquable, des bois d'ébénisterie et enfin des vins qui peuvent rivaliser avec ceux d'Espagne et de Portugal.

Cette fertilité, déjà d'un grand secours pour la colonisation, n'est pas le seul élément de commerce et de bien-être que renferment nos possessions algériennes; à peine en a-t-on fouillé le sol, qu'on l'a trouvé riche à toutes ses profondeurs. Des minerais de fer et de cuivre sont facilement extraits et rendent déjà beaucoup à l'exploitation. On y rencontre encore du plomb argentifère très-fourni, des marbres de toutes sortes et particulièrement des marbres onyx, transparents comme l'agate orientale. Ce résultat ne laisse pas que d'être très-remarquable, quand on songe que notre colonie est encore en partie inexplorée sous le rapport minéralogique, surtout dans sa partie montagneuse.

Les chevaux arabes, qui sont regardés comme les premiers du monde, sont depuis longtemps acclimatés en Algérie. On sait également que la fortune des indigènes consiste dans leurs innombrables troupeaux.

En somme, les trois règnes présentent dans ce pays le concours de circonstances le plus encourageant.

D'où vient donc que douée de si grandes causes de bien-être et de prospérité, au lieu de rapporter à la France, l'Algérie lui soit onéreuse; d'où vient que son exportation soit encore si faible, comparativement à ce qu'elle pourrait produire? C'est qu'il lui faut des bras, des bras à tout prix! Le sol semble demander qu'on l'ensemence, et cependant les colons sont forcés de laisser incultes des plaines d'une grande étendue et souvent même leurs propres concessions, faute de bras pour les mettre en rapport. Le même besoin se fait sentir pour l'industrie; quoique certaines exploitations aient été concédées, on ne peut, faute d'ouvriers, commencer les travaux.

L'Algérie, suffisamment peuplée et cultivée, doit non-seulement fournir à la France un commerce considérable d'importation et d'exportation, mais encore l'aider à soutenir son industrie dans sa concurrence avec les autres pays. Bien des faits se présentent à l'appui de cette dernière assertion, mais le plus remarquable résulte de la culture du cotonnier.

Le coton produit par l'Algérie, possède, au dire de nos premiers manufacturiers, des qualités pour le moins égales à celles des cotons d'Amérique ou d'Égypte. Les Américains eux-mêmes en furent émerveillés lors de l'exposition universelle de New-York [1].

Depuis longtemps on poursuit l'idée de colonisation sans avoir jamais pu atteindre un résultat complétement satisfai-

---

1. La culture du coton n'est pas la seule en Algérie qui doive être utile à la France; celle du tabac organisée en grand présenterait à la régie une notable économie, et au pays un immense avantage consistant à en décharger les provinces du Nord et de l'Est; notamment l'Alsace, où le terrain serait rendu aux céréales.

L'introduction du riz dans la colonie ne serait pas moins profitable à la métropole, qui est aujourd'hui forcée de tirer des pays étrangers cette

sant, et l'Algérie jouit cependant d'un privilége que n'a aucune des autres colonies ; située sur la Méditerranée, elle se trouve pour ainsi dire au centre des contrées dont les peuples pourraient fournir à l'émigration. Grâce à ce rapprochement on y a vu arriver, bientôt après la conquête, des membres de presque toutes les nationalités européennes, des Suisses, des Allemands, des Espagnols, des Italiens, des Maltais, etc. Tous venaient dans l'intention de coloniser, mais les exploitations qu'ils ont entreprises sont loin d'avoir complétement répondu à leur attente. On a cherché tous les moyens de les protéger, on a tout fait pour eux, et cependant beaucoup de ces efforts ont été infructueux. On a pensé alors aux colonies militaires ; elles devaient se soutenir par un système d'association, mais le même résultat s'en est suivi ; les associations se sont rompues, et cet essai a manqué comme les autres.

En général, si une grande partie des colons n'a pas vu ses espérances se réaliser, il faut en chercher la cause dans les fautes qu'entraînent nécessairement l'étude d'un terrain nouveau et l'ignorance des mœurs des peuples indigènes ; dans le découragement et le manque de persévérance qui ont succédé chez quelques-uns à l'idée de trouver la fortune presque sans travail ; dans les maladies que le changement de climat a provoquées chez quelques autres et enfin dans les entraves trop grandes qu'ils ont rencontrées à certaines époques, de la part d'une administration encore novice. Deux causes d'insuccès sont d'ailleurs communes à tous, le manque de capitaux et le contre-coup qu'ils ont plus ou moins ressenti des glorieuses expéditions qui, se renouvelant chaque année, portaient la guerre tantôt d'un côté, tantôt d'un autre.

On a peut-être eu, dès l'origine, le tort de vouloir que la co-

---

denrée si nécessaire à l'alimentation publique. La consommation du riz en France, de 1841 à 1850, a été de 15 900 000 kilogrammes, pour lesquels il a été perçu 422 757 francs de droits.

lonie s'organisât au moyen de toutes les lois qui régissent sa métropole. Le colon s'expatrie pour tenter la fortune, mais pour la tenter avec une liberté d'action plus grande, et ce qui le dégoûte le plus et le plus vite, c'est de sentir de trop près l'action du gouvernement. Cette vérité semble avoir été mieux comprise dans ces derniers temps, et l'on a donné une plus grande extension à l'administration civile. C'est un grand soulagement pour l'immigrant que heurtait si souvent la discipline militaire et qui se trouve aujourd'hui plus indépendant.

Les divers essais de colonisation entrepris sur une vaste échelle n'ayant pas, en somme, donné les résultats sur lesquels on comptait, le découragement s'est emparé de quelques-uns des économistes qui s'intéressaient le plus vivement à l'avenir de notre colonie. Ils ont cru avoir dit le dernier mot, et ce dernier mot n'ayant pas obtenu de succès, ils en ont conclu que l'Algérie n'était pas colonisable.

Nous espérons qu'ils se sont trompés; notre possession a trop de richesses et surtout trop d'avenir pour que l'on ne parvienne pas à la peupler.

Ceux qui se sont ainsi laissé abattre, n'ont peut-être pas assez examiné quelles devaient être les conditions premières à exiger d'un peuple auquel ils voulaient demander des colons. Ils ont cherché ces mêmes colons soit dans le nord de l'Allemagne, sur des latitudes trop froides, soit chez des peuples trop amoureux de leur propre pays, comme en France, soit enfin, parmi des nations trop peu actives, comme les Italiens et les Espagnols. Ces éléments n'ayant pas rempli le but qu'ils se proposaient, ils ont renoncé à en chercher d'autres. Mais nous, qui avons le privilège de venir après eux, nous croyons fermement que tout peut être réparé, si, évitant les fautes qui ont été faites, on veut mettre plus de soins dans de nouveaux essais.

Parmi tous les moyens de colonisation encouragés ou exécutés par l'administration, il en existe un qui nous a paru réunir un grand nombre de conditions favorables; c'est même à notre avis celui qui présente le plus de chances réelles, surtout si l'on s'en sert comme centre, comme point de départ d'une colonisation plus étendue, et cela non-seulement en Algérie, mais dans toutes les colonies possibles. Il consiste dans le parti qu'on pourrait tirer de certains ordres monastiques pour les travaux de la culture et de la colonisation.

Les moines seuls sont doués de cette patience sans bornes qui permet de supporter les peines et les mécomptes, les fatigues et les dangers de tous genres. Si l'on compare la quantité de travail qu'ils apportent à une colonisation nouvelle, à celle qu'on doit attendre du paysan même le plus laborieux, qui quitte son pays pour tenter la fortune en cultivant un sol étranger, l'on trouvera dans celui-ci une insatiable ardeur pendant les premiers moments, surtout si son travail est couronné de succès. Mais qu'il survienne quelque sinistre qui détruise le produit de son labeur, l'abattement et le désespoir le saisiront. Celui-là, au contraire, que l'amour du ciel attache seul à la terre, laissera passer l'orage, et au retour du beau temps, reprendra sa bêche et continuera son travail, plus lent, peut-être, mais plus régulier et plus productif.

Sans avoir l'idée de créer en Algérie un système complet avec les ordres monastiques, on a établi, en 1842, dans la plaine de Staouéli, un couvent de l'ordre de la Trappe. Rien ne prouve mieux la bonté de cet élément de colonisation que le spectacle du courage avec lequel les moines ont si héroïquement supporté leurs longues souffrances et enfin le succès qui a couronné une œuvre conduite avec tant de soins et de persévérance.

Ce couvent étant situé dans un endroit malsain fut dépeuplé par les fièvres, et les moines durent être renouvelés plusieurs fois. Non-seulement ces infortunés eurent à lutter contre la maladie, mais encore, pendant les six premières années, ils manquèrent de bras et de capitaux. Toutes leurs récoltes furent insuffisantes. En un mot, les colons de Staouéli se sont trouvés dans les conditions les plus désavantageuses qu'il soit possible de rencontrer, et même, à plusieurs reprises, ils furent sur le point d'abandonner leur œuvre. Peu à peu cependant les récoltes devinrent meilleures, et à force de soins et de travail les moines parvinrent à se tirer de la position désastreuse où ils étaient en 1848 et 1849. Mieux nourris, mieux logés, mieux habillés, ils possédaient, en 1854, un des établissements coloniaux les mieux organisés de l'Algérie[1].

L'établissement de la rivière la Mana à la Guyane française nous offre un nouvel exemple à l'appui du système de colonisation effectuée par les ordres monastiques. Cette colonie, fondée vers la fin de la Restauration par Mme Javouey, supérieure de la congrégation de Saint-Joseph de Cluny, présente le seul cas où un grand établissement européen ait été sur le point de réussir dans notre possession de l'Amérique du sud. Sa chute même ne saurait rien prouver contre le système qui lui avait donné naissance. Elle a manqué par les éléments étrangers qu'elle avait empruntés lors de sa création, et elle a pu, grâce à la régularité monastique, les maintenir plus longtemps qu'on ne l'avait jamais fait, sans que l'état sanitaire des colons fût troublé en quoi que ce soit. Cette colonie était même au jour où elle cessa d'exister dans de si bonnes conditions, qu'elle se fût maintenue si le gouvernement nouveau de la métropole, appréciant mieux l'idée qui

---

1. Sur 1200 hectares qui forment leur concession, 250 ont été ensemencés de céréales, 2 de maïs, 15 ont été transformés en jardins potagers et vergers. Ils ont aujourd'hui 1500 arbres forestiers, parmi lesquels un grand nombre de mûriers, 26 hectares ont été complantés de vignes. Leur matériel se compose de 70 bœufs de labour, de 70 vaches laitières, de 20 chevaux et juments, 1000 moutons et 600 porcs. Ils possèdent, en outre, une laiterie modèle qui approvisionne en lait et en beurre une partie d'Alger, etc., etc.

lui avait donné naissance, n'eût pas totalement changé le but de son institution.

Enfin, en examinant les progrès de la civilisation dans le nouveau monde, nous trouvons encore un exemple des plus remarquables. La création des établissements du Paraguay en 1610, due à des missionnaires de l'ordre de Jésus, est certainement la révélation la plus importante des avantages d'un pareil système. Nulle part la colonisation n'a été entreprise sur une aussi vaste échelle, et quoique le but de cette institution ne soit pas tout à fait le même que celui que nous nous proposons en Algérie, il y a de bons enseignements à en tirer. Les jésuites, en fondant leurs colonies sur les rives incultes du Paraguay et du Parana, au milieu des Pampas marécageuses de l'Amérique du sud, se proposaient, non pas d'y établir des immigrants, mais de fonder un vaste État catholique avec des indigènes convertis. Malgré les difficultés sans nombre que suscitait une pareille entreprise, soutenus par leur zèle infatigable, ils ont pleinement réussi et, pendant cent cinquante-trois ans, leurs républiques chrétiennes ont été un sujet d'admiration pour le monde entier.

Ces trois exemples sont certes assez remarquables pour fixer l'attention sur le mode de colonisation par les ordres monastiques, et nous pensons que l'application de ce principe, confiée à une population assez religieuse pour venir se grouper autour de congrégations dont les membres auraient été pris dans son sein, conduirait à des résultats plus satisfaisants que ceux obtenus jusqu'ici.

La question est donc ramenée à trouver un peuple qui satisfasse à cette importante condition. Si ce peuple existe et s'il joint à l'habitude d'un climat analogue à celui de l'Algérie une propension naturelle vers le commerce et l'agriculture, si en outre, il est poussé à l'émigration par une force irrésistible, l'intérêt bien entendu de la France sera de chercher à l'attirer dans ses possessions africaines.

Ainsi, et pour résumer, il faut :

1° Que le climat ait sur les colons le moins d'action possible ;

2° Qu'ils fassent partie d'un peuple religieux, industrieux et agriculteur ;

3° Qu'ils soient forcés, par une raison puissante, de quitter leur pays.

Or, nous trouvons ces conditions importantes réunies dans le *peuple arménien*, dont le territoire est aujourd'hui partagé entre la Russie, la Turquie et la Perse.

La religion, le caractère et l'histoire des Arméniens, les rendent intéressants au plus haut degré. Sans cesse écrasés par leurs voisins, ils sont cependant restés tranquilles et laborieux, ne demandant que la paix. A chaque guerre que se font les colosses qui les entourent, ils voient leur pays ravagé, leurs villes livrées aux flammes, et souvent sont eux-mêmes emmenés en esclavage. L'Arménie n'a plus aujourd'hui de position fixe, ses limites ne sont plus déterminées, c'est à peine si son nom reste à quelques-unes des provinces qui formaient l'ancien royaume.

L'unité seule eût pu fournir aux Arméniens le moyen de résister à leurs oppresseurs. Le peuple entier, agissant à de certaines époques par l'impulsion d'une seule volonté, se serait rendu respectable et présenterait peut-être aux générations actuelles le spectacle d'une nationalité dont l'origine remonterait aux premiers âges du monde. Mais les divisions intérieures et les dissidences religieuses les ont rendus incapables d'opposer à un ennemi quelconque une résistance soutenue. Non-seulement l'étranger envahissait leur territoire, de son propre mouvement, mais souvent, à l'époque de leurs guerres civiles, il y venait, appelé par l'un des partis. Les guerres de religion sont les plus acharnées de peuple à peuple et les plus cruelles de citoyen à citoyen ; tous les sentiments forts et violents de l'humanité s'exhalent, pour ainsi dire, dans ces moments; et la propension de l'esprit vers les choses immatérielles lui fait accepter comme justes et légitimes des actes de cruauté et de dévastation qu'il réprouverait en toute autre circonstance. Les guerres intestines des Arméniens ont été incessantes, et c'est là qu'il faut chercher la cause de leur état actuel. Las de tant de maux, un grand nombre d'entre eux ont quitté et quittent encore tous les jours leur patrie pour se disperser dans le monde entier.

Nous allons maintenant prouver que le peuple arménien satisfait bien aux trois conditions que nous regardons comme indispensables pour tous les peuples qu'on voudrait appeler à ce grand concours de la colonisation algérienne.

Le climat de l'Algérie ne doit pas avoir d'action nuisible sur les colons.

Le mont Ararat, qui est le centre et pour ainsi dire le berceau de l'ancien royaume d'Arménie, se trouve situé au 39ᵉ degré 42′ 24″ lat. N.[1], à peu près à la même hauteur au-dessus de l'équateur que le midi de l'Espagne, les Baléares, le sud de la Sardaigne, du royaume de Naples et enfin de la Grèce, c'est-à-dire, à 2° 55′ au nord d'Alger, qui est elle-même placée au 36° 47′. Les provinces qui composaient jadis l'empire arménien s'étendent aussi bien au midi qu'au nord de l'Ararat[2], et les peuples qui habitent au sud de cette chaîne de

---

1. L'Ararat est pour ainsi dire le point de repère de l'Arménien qui cherche la patrie de ses ancêtres. Le nom d'Arménie pourra disparaître de la surface du globe, mais dans quelque contrée qu'habitent ses enfants, ils parleront toujours de cette montagne à leurs descendants, comme de la personnification de leur pays natal, et, s'il est jamais donné à cette race malheureuse de former de nouveau un corps de nation, c'est à l'ombre de l'Ararat qu'elle viendra se reconstituer.

2. Nous donnons ici le nom d'Ararat à toute la chaîne dont cette montagne est le point culminant, et qui court en ligne parallèle au Caucase de l'est à l'ouest, de la mer Caspienne à la mer Noire et dont les rameaux rejoignent cette chaîne au nord et au sud et s'étendent jusqu'au Taurus.

montagnes se trouvent, par conséquent, sur des latitudes absolument les mêmes que celles du sud de l'Algérie.

Cette circonstance, jointe à une certaine identité dans la configuration du sol, doit faire éprouver dans les deux pays les mêmes variétés de température. Dans l'une comme dans l'autre, on trouve peu de grandes plaines. L'Arménie, presque partout couverte par les mille rameaux et contre-forts de la chaîne de montagnes qui relie le Caucase au Taurus, offre au voyageur une des contrées les plus accidentées et les plus pittoresques du globe.

Nos possessions d'Afrique, comme les provinces du sud du Caucase, sont sujettes à de grandes variations de température ; on y voit des froids très-vifs succéder immédiatement aux chaleurs les plus intenses[1]. La fraîcheur des nuits est pernicieuse et les habitants mettent le plus grand soin à s'en garantir.

En Arménie, on peut remarquer deux phases bien distinctes dans l'état de l'atmosphère ; les provinces du nord de l'Ararat, bornées au sud par les chaînes dont cette montagne est le nœud, au nord, par le Caucase, à l'est par la mer Caspienne, et à l'ouest, par la mer Noire, se trouvent abritées des vents chauds du midi et en même temps en butte à un courant qui, s'établissant nécessairement entre les deux mers, rend le froid beaucoup plus grand que dans les pays de même latitude et l'y fait durer plus longtemps. M. Amédée Jaubert rapporte que, dans ces contrées, la neige ne quitte pas la terre avant le 10 ou le 15 avril et que quelquefois l'hiver commence au mois d'août.

---

1. On trouve dans le second voyage de Jacques Morier, en Perse et en Arménie, traduction de M. M***, page 267, vol. IIe :
« Le 17, nous commençâmes à quitter la région chaude des plaines pour entrer dans les montagnes. Nous connaissions depuis longtemps par la renommée, la différence du climat qui se fait remarquer dans ces montagnes. Nous nous y attendions et nous ne fûmes pas trompés. »

Les provinces qui se trouvent au contraire au sud de la chaîne de l'Ararat et qui descendent jusqu'aux frontières de la Syrie, quoique sujettes aux neiges à quelques époques de l'année, présentent un climat bien moins rigoureux en hiver que celles du nord, et en été, n'étant pas abritées du côté de l'équateur, subissent une température plus chaude même que leur latitude ne le comporte. On commence comme dans nos possessions africaines à y sentir le voisinage des pays tropicaux. Pendant l'été, les vallées du sud sont tellement brûlées, la chaleur y est si intense et engendre de telles exhalaisons pestilentielles, que les habitants les quittent en masse pour se réfugier dans la région montagneuse [1].

Le même fait se remarque en Algérie. Les Arabes pasteurs qui habitent une partie de l'année les oasis verdoyantes du Sahara, traversent vers le printemps les gorges de l'Atlas pour venir dans le Tell chercher de plus frais pâturages.

L'Arménie est, comme notre colonie, trop coupée de montagnes pour pouvoir être traversée par de grands cours d'eau ; mais

---

1. M. F. de Fonton, dans son ouvrage : *La Russie dans l'Asie Mineure* ou *Campagnes du maréchal Paskewitch* en 1828 et 1829, précédées d'un tableau du Caucase, parle ainsi du climat d'une partie des provinces arméniennes :

« Dans les bas-fonds des vallées inférieures de la Kura et de l'Araxe, où sont situées les provinces d'Elisabethpol et d'Arménie, le district de Salian et la province de Chirvan, c'est de l'absence de forêts sur un fonds calcaire et sablonneux que naissent le défaut de pluies et par suite l'ardeur intolérable de l'atmosphère. Soumis pour ainsi dire à un siroco permanent, ces pays sont, pendant la forte chaleur, inhabitables aux indigènes eux-mêmes. Il n'y a pas d'organisation, quelque robuste qu'elle soit, qui puisse les affronter : aussi les habitants se hâtent-ils de quitter les vallées pour le haut pays. Ceux qui restent sur le sol embrasé de la plaine sentent bientôt leurs corps affaiblis par la transpiration, périr insensiblement et tomber ainsi dans une atonie complète. Les changements de l'état de l'atmosphère, si brusques et si fréquents dans ces gorges neigeuses, agissant sur des organisations débilitées, développent le germe morbide avec une rapidité effrayante. Peu d'heures suffisent pour changer les fièvres tierces en fièvres bilieuses qui se résolvent souvent par le tétanos !.... »

ces montagnes y donnent de même naissance à une infinité de torrents plus ou moins larges, qui fertilisent une égale quantité de vallées, et qui seraient une source incomparable de richesses si le peuple de ces contrées avait la liberté nécessaire pour les utiliser.

Il y a cependant cette différence dans l'hydrographie des deux pays dont nous nous occupons, qu'en Algérie les torrents qui descendent de l'Atlas se jettent immédiatement dans la mer et n'offrent aucun point navigable, tandis qu'en Arménie, les torrents, tant au nord de l'Ararat qu'au sud, forment, en se réunissant au delà des limites des provinces arméniennes, de grands et de beaux fleuves. Ce sont autant de voies de commerce dont la position et l'étendue pourraient servir à disperser dans la moitié du monde les produits des fertiles vallées où ils prennent naissance.

Il se présente ici un autre fait très-important commun à l'Algérie et à l'Arménie, c'est la dévastation des bois. Ce fléau presque général en Arménie, tout en étant une conséquence des nombreuses révolutions auxquelles cette contrée a été de tout temps en butte, est aussi le résultat de la mauvaise administration des Turcs qui, loin d'encourager le reboisement, sont, dans leur imprévoyance, les premiers à prêter la main à la dévastation, sans s'occuper des malheurs qu'elle entraîne[1].

1. Cette dévastation est telle dans la plupart des provinces arméniennes que les habitants ne peuvent se construire de maisons en bois, et qu'ils sont forcés de creuser leurs cabanes dans la terre. Jacques Morier, plénipotentiaire près la cour de Perse, dans son second voyage en Arménie et en Asie Mineure, de 1810 à 1816 (trad. de l'anglais, par M. M??? d??) page 287, II° vol. :

« Nous arrivâmes à un village entièrement composé d'Arméniens, dont toutes les maisons sont construites sous terre. Ils commencent par faire choix d'un terrain en pente, ils le creusent suivant la grandeur qu'ils veulent donner à leur habitation. Ils construisent alors une façade et couvrent le tout d'une terrasse : la maison ne présente ainsi qu'un côté au froid, les trois autres se trouvant formés par la terre excavée. »

Et plus loin, page 422 :

« Il n'y a qu'une seule ouverture au sommet, c'est par là que pénètre

Sous cette même domination, le déboisement faisait de grands progrès en Algérie, mais aujourd'hui elle ne s'y développe plus sur une aussi vaste échelle. La tendance des Arabes à incendier les bois pour chasser le mauvais air du siroco tend à disparaître de jour en jour, grâce aux soins intelligents et à l'active vigilance de l'administration française.

En Arménie, dit M. Eugène Boré dans sa description de ce pays [1] :

« Les agriculteurs manquant pour replanter ce que la hache ou le feu avait détruit, les flancs des montagnes en se dépouillant de leurs bois, n'ont plus retenu dans leurs racines les eaux fondues des neiges qui y entretenaient une salutaire fraîcheur pendant les ardeurs de l'été, de sorte qu'un soleil dévorant calcine, durant plusieurs mois, le même sol que les frimas recouvrent le reste de l'année. Plusieurs vallées sont devenues totalement infécondes et de longs plateaux dénués de toute verdure et de toute végétation rappellent à l'œil attristé qui les embrasse les steppes désolés de la Tartarie. »

L'Arménie, quoique plus favorisée que notre possession sous le rapport des débouchés commerciaux qui lui sont acquis par sa position entre deux mers et par les grands fleuves qui y prennent naissance, présente donc, point essentiel pour le but que nous nous proposons, même climat et même configuration. Il est dès lors probable que des Arméniens transportés en Algérie auraient, grâce à la similitude de la température et du

---

le jour nécessaire à la famille qui l'habite ; la pièce est divisée en deux par de larges planches, ou une balustrade du grand corps de l'édifice qu'on laisse pour établir des bestiaux. Il arrive quelquefois aux habitants de descendre dans l'intérieur des maisons par l'ouverture du sommet. Mais d'ordinaire, ils n'ont qu'une entrée commune avec les bestiaux, de même qu'ils n'ont qu'une seule habitation. »

1. Cet article a été publié dans l'*Univers* ou histoire et description de tous les peuples, de leurs religions, mœurs et coutumes, etc.

terrain, beaucoup moins à souffrir que d'autres; et qu'ils seraient moins exposés que les habitants du nord ou même du centre de l'Europe à subir l'atteinte des maladies qu'occasionnent un climat nouveau, et des changements subits dans l'état de l'atmosphère; changements dont les Européens n'ont ni l'habitude, ni la prévoyance de se garantir.

Les colons à introduire en Algérie doivent faire partie d'un peuple religieux, industrieux et agriculteur.

Le peuple arménien est l'un des plus religieux du globe; vouloir le démontrer, ce serait entreprendre le récit détaillé de son histoire; nous regarderons donc cette qualité comme lui étant acquise au plus haut degré.

Les Arméniens sont industrieux, c'est là le fond de leur caractère. Opprimés chez eux, on les a vus se répandre dans le monde entier et presque partout devenir de riches négociants.

Dans les pays encore peu civilisés qui les entourent, ils ont successivement attiré vers eux toutes les grandes entreprises. En Turquie, tout ce qui est relatif aux finances est devenu leur apanage. Ils sont dans tout l'empire ottoman, comme en Perse, comme aux Indes, ou les principaux banquiers ou les chefs des plus riches maisons de commerce.

Les juifs d'Orient eux-mêmes ne peuvent soutenir leur concurrence, parce que, tout en apportant une aptitude non moins grande et un soin égal dans leurs transactions, ils les font plus en grand et craignent moins de risquer leurs capitaux. Ils tiennent de la race juive leur amour pour le négoce, mais chez eux cet amour est tempéré par le christianisme et par une vivacité et une énergie remarquables. Rien du reste ne doit étonner dans cette tendance, elle vient de leur nature même. Leurs veines contiennent une portion de sang judaïque mêlé au vieux sang arménien, et ce croisement de races a dû nécessairement apporter de grandes modifications dans leur nature. Comme les fils d'Israël, ils tiennent à leurs vieilles traditions.

Suivant Tournefort :

« Ils sont infatigables dans les voyages et méprisent la rigueur des saisons ; nous en avons vu plusieurs des plus riches, passer de grandes rivières à pied, ayant de l'eau jusqu'au cou pour relever leurs chevaux qui s'étaient abattus et sauver leurs balles de soie. On les accuse mal à propos d'aimer trop le vin ; il ne nous a jamais paru qu'ils en abusassent ; au contraire, il faut convenir que de tous les voyageurs, les Arméniens sont les plus sobres, les plus économes, les moins glorieux. »

Tant que les Arméniens ont pu croire encore à un reste de nationalité, ils ont cherché à amener dans leur pays le négoce de toutes les contrées environnantes ; mais aujourd'hui leur centre d'action s'est étendu, et, désespérant, sans doute, de pouvoir d'ici à de longues années, vivre sous leurs propres lois, ils sont allés en grande partie chercher dans les contrées les plus éloignées un bien-être qu'ils ne pouvaient trouver chez eux. Un grand nombre quittent leurs provinces pour venir à Constantinople, et là, se trouvant sans ressources, se font portefaix, jusqu'à ce qu'ils aient amassé une faible somme qui leur permette de se livrer à un petit commerce. On peut porter à 30 000 le nombre des Arméniens pauvres, qui, dans la capitale de l'empire turc, cherchent à gagner leur vie par toutes sortes de petites industries.

L'Océanie, les Indes orientales, le sud de la Russie, les provinces danubiennes, l'Autriche, l'Italie, la France et l'Angleterre même possèdent dans leur sein des enfants de cette vieille race, et, dans tous ces pays, ils se font remarquer par de grandes qualités. Savants en France et en Italie, colons en Russie, grands propriétaires en Autriche, il sont religieux et commerçants partout.

En un mot, ils sont aptes à presque toutes les positions [1].

1. M. A. de Demidoff, dans son *Voyage dans la Russie méridionale*, cite cet exemple de l'esprit industrieux des Arméniens, chap. vi, page 328 :

« Nous n'étions pas éloignés de Rostoff, ville baignée par le Don, lorsqu'une belle députation, composée de quatre Arméniens à cheval fort bien montés, vint m'inviter à me rendre à Nakitchevan, colonie entièrement peuplée de gens de leur nation ; je fus d'autant moins tenté de me refuser à cette invitation que Nakitchevan était précisément sur le chemin que je me proposais de suivre. Ma visite fut courte et pleine d'intérêt. Nakitchevan est une ville curieuse par sa physionomie à la fois étrange et commerciale : elle s'élève sur les bords du Don, au-dessous de Staro et de Novo Tcherkast, la vieille et la nouvelle capitale des provinces du Don. La population intelligente et commerçante de cette ville mériterait assurément d'être examinée avec une attention plus particulière. Moins bien partagée que Rostoff sous le rapport de la situation géographique, Nakitchevan lui est supérieur par le génie commercial de ses habitants. Au fond de cette contrée presque ignorée, ils entretiennent des relations suivies avec leurs compatriotes d'Astrakan, de Leipzig et de l'Asie Mineure. Ainsi placés comme ils le sont au centre de ce triangle immense, formés par des intérêts communs, les habiles Arméniens se sont emparés de tout le commerce du bassin du Don. De nombreux bazars font de Nakitchevan un riche entrepôt qui inonde, à l'occasion, toutes les foires du pays. Ces habiles négociants n'ont pas oublié d'accaparer les produits des vignobles du Don qu'ils écoulent dans toute la Russie méridionale à la faveur d'une étiquette trompeuse qui métamorphose en Château-Laffitte et en haut Sauterne, les vins un peu rudes de ce territoire fumeux. De belles soieries, quantités de denrées orientales et surtout persanes garnissent les nombreux magasins de cette petite ville ; les rues sont propres et tirées au cordeau, les maisons sont bien entretenues. Nous avons été reçus dans la maison du chef de la ville, du Golowa, désigné par ce mot qui revient au mot tête, symbole presque universel du commandement. Nous avons été traités avec une bonne volonté fort gracieuse. A peine la sauvagerie des dames du lieu nous permit-elle d'entrevoir l'élégante couronne de cheveux nattés dont elles savent se parer, et la coquetterie de leurs atours de soie. »

Dans le *Voyage en Russie, en Tartarie et en Turquie*, de M. Daniel Clarke, professeur de minéralogie à l'Université de Cambridge, vers 1800, trad. de l'anglais, IIe vol., chap. xii, page 71, on trouve :

« Nous arrivâmes par eau à Nakitchevan, colonie arménienne établie environ vingt ans auparavant, et qui, durant cette courte période, était parvenue à un état florissant. Ses habitants sont originaires de Crimée. Ils ont environ quatre cents boutiques, toutes placées dans un grand bâtiment couvert comme à Moscou. »

En Orient on les voit figurer dans tous les marchés, à Bombay, à Calcutta, à Madras, à Siam, aux frontières de l'empire chinois. Les négociants les plus riches et les plus respectables de Singapour et même de Canton sont Arméniens. Ils étendent leurs relations jusqu'à Alexandrie, jusqu'au Caire, jusqu'en Abyssinie, c'est-à-dire sous des latitudes plus chaudes que l'Algérie. A Bornéo, à Java et dans l'Asie centrale on les rencontre encore. Puis, en revenant vers nos régions on les voit figurer à Nijni-Nowogorod[1], à Odessa, dans toute la Crimée et même à Leipzig. Dans ce dernier marché ils achètent les produits de l'industrie de l'Europe occidentale pour les répandre ensuite, par caravanes, dans tout l'Orient.

Ces faits sont donc la preuve incontestable de leur grande aptitude commerciale. Ils sont en outre une garantie importante pour le pays nouveau qu'ils seraient destinés à habiter.

Mais le commerce seul ne suffit pas pour assurer le succès d'une colonie et le bien-être des colons; il faut que l'agriculture lui vienne en aide. Or, les Arméniens sont agriculteurs, et même bons agriculteurs. C'est surtout dans les colonies qu'ils ont formées qu'il faut voir ce génie se développer.

Dans leur pays, ils sont trop en butte au pillage et aux vexations de tous genres, pour pouvoir se livrer à la culture avec quelque assiduité.

Jadis, c'étaient les denrées de l'Arménie qui, descendant le Tigre et l'Euphrate nourrissaient Ninive et Babylone; plus

---

1. Nijni-Nowogorod, le plus important des marchés russes et l'un des plus curieux du monde, par la réunion de tous les types et de toutes les races de l'ancien continent qu'on y trouve. M. Macé, dans la description de ce marché, qu'il a publiée dans *l'Illustration*, dit : « qu'on y rencontre l'Arménien avec son costume oriental, sa chemise de soie rouge, sa veste brodée aux longues manches échancrées et tombant en pointes; il apporte au marché ses tapis de Perse, ses armes et ses turquoises. »

tard, pendant le règne des différentes dynasties sous lesquelles les Arméniens ont trouvé de temps en temps un peu de repos, le sol si fertile de leur patrie s'est couvert de riches moissons; mais, depuis leurs derniers rois, depuis 1079 pour la grande Arménie et 1373 pour la petite, ils ont vu leur pays parcouru et saccagé en tous sens par les Mongols, les Turcs seldjoucides, les Turcs ottomans, les Perses, les Kourdes et les Russes. Ils ont désappris pendant ces invasions, à cultiver une terre dont ils ne retiraient jamais les produits. C'est à peine si aujourd'hui le cultivateur ose ensemencer quelques vallons perdus au milieu de ses montagnes. Il espère que là au moins, les pillards ne viendront pas, car ils ne seraient pas récompensés de leur fatigue par la richesse de leur sol.

Le bétail est la seule fortunee de l'habitant de la campagne, qui peut, jusqu'à un certain point, fuir avec lui devant la dévastation. L'Arménien donnant ainsi depuis longtemps tous ses soins à l'élève des bestiaux, a acquis dans ce genre d'industrie une véritable supériorité, et pourrait rendre d'immenses services en Algérie, où cette branche si utile de l'agriculture est trop généralement négligée par les colons.

Le paysan arménien aspire à se livrer à l'agriculture, et c'est ce qui le jette dans les bras des Russes, sous l'empire desquels il est sûr de récolter tout ce qu'il a semé, dût-il payer cette protection par un impôt plus ou moins fort, mais légal et régulier.

Quoique la culture soit peu répandue aujourd'hui en Arménie, ce qui subsiste peut donner une idée de ce qu'elle a dû être à ses rares époques de prospérité. On y voit le blé, l'orge, l'avoine, le seigle; en un mot presque toutes les céréales. Les fruits de l'Arménie étaient renommés de toute antiquité en Orient, et quoique mal cultivés et peu abondants aujourd'hui, il n'ont rien perdu de leur ancienne réputation.

On trouve réunis dans cette contrée montagneuse, grâce à l'influence des différentes températures qui s'y font sentir, les fruits de presque toutes les latitudes de l'Europe, depuis la pomme jusquà l'orange et l'olive ; plusieurs même, comme l'abricot, sont là dans le pays qui les a fournis au reste du monde. Le commerce du miel est une des principales ressources de l'Arménien ; il excelle en outre dans l'éducation des vers à soie et dans la culture du coton, deux des branches les plus importantes de l'industrie algérienne [1].

La culture de la vigne que l'on remarque encore sur certains coteaux, et notamment sur les bords de la mer Noire, est une de celles dont les Arméniens ont conservé les meilleures traditions. L'épisode de Noé l'a rendue pour ainsi dire nationale. Ils cultivent enfin le chanvre d'une manière remarquable.

Toutes ces exploitations sont précisément celles que l'on veut introduire en Algérie ; et ainsi les nouveaux colons n'auraient en arrivant qu'à mettre en pratique, sur une plus vaste échelle, des connaissances acquises dans la mère patrie.

C'est surtout, avons-nous dit, dans les colonies qu'ils ont formées qu'il faut voir se développer le goût des Arméniens pour l'agriculture. A partir du règne d'Alexis Michaelowitz, vers le milieu du xviie siècle, ils commencèrent à émigrer en Russie, où bientôt ils s'établirent sur les rives désertes du Don et du Volga, sur les bords stériles de la mer Noire et de la mer d'Azow. On trouve aujourd'hui dans ces contrées un certain nombre de villes, dont quelques-unes d'une grande im-

---

1. Second voyage de Jacques Morier, IIe vol., appendice au tome II, page 447.

« La vallée de Mégérie a trois milles de longueur sur une largeur de quatre milles. D'un côté elle s'ouvre sur l'Araxe, et un ruisseau considérable la traverse et va se jeter dans ce fleuve. Deux villages arméniens s'élèvent dans cette vallée qui est cultivée comme un jardin ; de riches vignobles en couvrent une partie et elle fournit une quantité considérable de coton. »

portance, qui doivent leur origine à ces migrations, entre autres la nouvelle Nakitchevan, Grigoriapol et Rostoff, qui surgirent pour ainsi dire des steppes désolés de la Russie méridionale, et dont les territoires jadis incultes se couvrent aujourd'hui de riches moissons et de superbes vignobles. En Autriche, dans la Hongrie et la Transylvanie, les Arméniens montrent une rare expérience dans l'élève des bestiaux. Possesseurs d'immenses prairies, ils sont grands propriétaires et seigneurs féodaux faisant valoir leurs terres. Ils tirent de grands avantages de la vente de leurs troupeaux de gros bétail, et beaucoup d'entre eux ont fait dans ce commerce lucratif des fortunes très-considérables.

En résumé, les Arméniens sont donc : religieux, industrieux et cultivateurs. Ces trois qualités sont inhérentes à leur nature, et, sous ce point de vue comme sous le premier, ils présentent toutes les garanties désirables.

Les colons doivent être forcés par une raison puissante de quitter leur pays.

A toutes les époques de l'histoire on rencontre des peuples plus ou moins malheureux, mais presque toujours pour une seule cause, tandis qu'en Arménie tout est réuni pour accabler les habitants. En France, par exemple, aux guerres de Louis XI contre la grande féodalité, on a vu succéder, sous les fils de Henri II, les grandes guerres de religion, et enfin ces mêmes guerres de religion être suivies des grandes guerres extérieures sous Louis XIII et Louis XIV ; mais tous ces événements se succédèrent, le pays eut la force de porter séparément leur poids et le peuple put respirer entre chacun de ces événements. En Arménie, au contraire, tous ces maux pesèrent à la fois sur la nation. Guerres de féodalité, guerres de religion, guerres extérieures, et, comme complément, incursions permanentes des barbares.

L'histoire politique des Arméniens a toujours été réglée par la configuration et par la position géographique de leur patrie. La division du pays en petites vallées a donné naissance à une infinité de peuplades, qui, séparées par des cours d'eau ou par de hautes montagnes, sont restées en quelque sorte indépendantes de l'autorité supérieure, se sont donné des chefs et ont formé ainsi une espèce de féodalité. Cette circonstance entraîna des guerres intestines qui ne devaient cesser qu'à de courts intervalles.

Si le régime féodal fut une des grandes plaies de l'Arménie, elle ne souffrit pas moins par les dissensions religieuses. Non-seulement ses voisins, Idolâtres, Mahométans ou Grecs, accablèrent ses peuples de persécutions sans nombre; mais la nation elle-même, séparée en deux sectes sans cesse en opposition l'une avec l'autre, perdit avec son unité toute sa force morale. Ces deux sectes prirent naissance en 452, après le concile de Calcédoine, et cette division, loin de s'être effacée aujourd'hui, est encore le plus grand des maux qu'aient subis les Arméniens. Elle surgit à propos du dogme de l'incarnation. Une grande partie du clergé, ayant mal interprété les conclusions du concile, se mit en opposition avec l'Église romaine, prit le titre d'Église arménienne dissidente et entraîna à sa suite la majorité de la nation. Cette scission entre les catholiques ou unis et les dissidents isola totalement les Arméniens de tous les peuples chrétiens qui les entouraient. Dès lors les dissidents ne pouvant espérer de secours ni des Latins, ni des Grecs, dont le schisme, survenu en 862, différait du leur, se trouvèrent sans défense contre les barbares qui, depuis cette époque jusqu'à nos jours, ravagèrent si souvent l'Asie centrale, et l'Arménie resta toujours la proie du vainqueur.

L'histoire politique des Arméniens n'est pas, en général, moins triste que leur histoire religieuse. Ce peuple, né de colonies assyriennes, fut tributaire de sa métropole tant qu'elle exista, et à sa chute tomba sous le joug des Perses. Alexandre, en s'emparant de l'empire de Darius, y comprit l'Arménie que la bataille d'Ipsus fit échoir aux Séleucides. A ceux-ci succédèrent les Perses arsacides ; puis, après quelques années de tranquillité extérieure, les Romains parurent à l'Occident, et l'Arménie suivit le sort du reste du monde. Plus tard, l'empire d'Orient et les Perses se disputèrent son territoire qu'ils eurent bientôt eux-mêmes à partager avec les Arabes. Les Arméniens respirèrent enfin quelques moments sous les Pagratides ; mais cette famille succomba en 1079, et la grande Arménie, après elle, ne jouit plus même d'un reste d'indépendance. Elle subit successivement les invasions des Turcs seldjoucides, des Tartares, des Mongols et enfin des Ottomans auxquels elle appartient aujourd'hui.

Quant à la petite Arménie, elle se traîna encore sous les Rhoupéniens et les Lusignan et finit par succomber au milieu du xiv° siècle.

Ce court résumé historique et religieux fait voir suffisamment combien la nation arménienne a été malheureuse pendant toute la durée de son existence, et prouve le peu de propension qu'elle doit avoir à rester dans un pays presque constamment désolé depuis trente-six siècles. Mais, pour que ce tableau soit complet, il faut montrer que, loin d'avoir profité des bienfaits de la civilisation, l'Arménien, resté dans le pays de ses ancêtres, est aujourd'hui plus misérable, plus torturé peut-être qu'il ne l'a jamais été à aucune époque, et que, soumis, partie aux Turcs, partie aux Perses, vainqueurs aussi cruels que barbares, il doit incliner vers la civilisation sérieuse qui lui vient du nord. C'est là un des points les plus importants et cependant les plus négligés de la grande question qui divise aujourd'hui l'Europe. C'est là ce qui, malgré toutes les armées turques, doit rendre, dans un temps donné, les Russes maîtres incontestés de l'Asie orientale et du chemin des grandes Indes, si les puissances occidentales n'y portent remède. La Turquie possède aujourd'hui, outre le royaume de petite Arménie, toute la partie de la grande qui se compose des pachaliks de Trézibonde, Akhaltzikhe, de Kars, de Bayazid, de Van, de Munch, d'Erzeroum, de Diarbékir et de Césarée, c'est-à-dire les trois quarts de l'ancien royaume.

La partie russe comprend les pays qui s'étendent entre le Kour, l'Araxe et les bords de la mer Caspienne jusqu'à Astara.

Quant aux Perses, ils n'ont plus conservé, après le traité de Tourkmantchaï, qu'une partie de l'Aderbaïdjan, et encore beaucoup de vallées de cette province sont-elles soumises à des chefs kourdes indépendants.

Les Arméniens qui subissent encore la domination des Perses sont peu nombreux. La tyrannie des gouverneurs les ayant toujours rendus misérables, rien ne les attachait à un pareil gouvernement, et quand les Russes, dans la guerre qui précéda le traité de Tourkmantchaï, en 1828, envahirent le territoire persan, ils vinrent au-devant d'eux, leur offrant des vivres et tout ce dont l'armée pouvait avoir besoin[1]. Mais à la fin de cette guerre, les Perses, se souvenant de ce concours prêté à leurs ennemis, redoublèrent de tyrannie et de cruautés, à tel point que les Arméniens, poussés à bout par le désespoir, profitèrent d'une clause que les Russes avaient eu la prévoyance d'insérer dans le traité, clause qui réservait la faculté d'émigrer aux habitants des provinces restées aux Perses. Ils passèrent en masse la nouvelle frontière et vinrent chercher un refuge dans le pays échu au czar.

On trouve encore en Perse des Arméniens qui sont établis dans un des faubourgs de Téhéran. En 1603, Abbas schah, s'étant emparé de la ville arménienne de Julfa, la mit à feu et à sang, en emmena tous les habitants, les conduisit au centre

---

1. Tiré de Fonton : *la Russie dans l'Asie Mineure*. Mœurs des Arméniens, dans le tableau du Caucase.

— 29 —

de son royaume, et là, leur permit de s'établir aux portes de sa capitale. Ils y formèrent une petite ville à laquelle ils donnèrent le nom de leur patrie et dont les ruines existent encore. Cette nouvelle Julfa acquit une grande importance dans le commerce des Indes, et devint, pour ainsi dire, le quartier général des missions catholiques en Perse. On y voit les restes de nombreuses églises. Plusieurs ordres religieux de l'Occident y eurent des monastères. Mais cette prospérité ne fut pas de longue durée, le despotisme ignorant des souverains et le peu d'autorité qu'ils avaient sur leurs agents arrêta bien vite cet élan, dont il ne reste plus que le souvenir. L'Anglais Jacques Morier raconte même qu'il vit un prêtre catholique, qui, resté seul pour desservir son église, était souvent forcé, pour empêcher les barbares de venir la piller, de faire le coup de fusil contre eux.

Ce fait, qui paraît incroyable et qui se passait cependant aux portes de la capitale, est l'exemple le plus frappant des maux qu'ont sans cesse à subir les Arméniens au milieu des peuples mahométans de l'Asie[1].

L'état de la nation arménienne sous la domination ottomane est à peu près le même que sous la domination des Perses. La barbarie est presque égale de chaque côté, surtout si l'on considère les provinces de la Turquie d'Asie, où les pachas sont pour ainsi dire indépendants. La seule différence consiste en ce que les communications que nous avons sans cesse avec Constantinople nous ont mis plus à même de connaître les rapports des Turcs avec les Arméniens, et souvent nous ont fourni le moyen de nous interposer en faveur de ces derniers.

Les Arméniens de l'empire turc se divisent aujourd'hui à

---

1. Mais la destruction de la colonie de Julfa n'est pas la seule preuve de la barbarie des Perses Abbas schah fit enlever d'Arménie, à plusieurs reprises, des 10 ou 15 000 familles pour peupler le centre désert de son empire. Il n'en est rien resté, toutes ont disparu détruites par la misère et les persécutions.

proprement parler en deux parties, indépendamment de ceux qui habitent encore dans les anciennes provinces arméniennes [1].

D'abord, les colons que les sultans ont transportés de force à plusieurs reprises pour repeupler les villes dont ils avaient massacré les habitants; ensuite des infortunés que la tyrannie, la guerre et les vexations de tous genres ont chassés de leur pays natal. Ces derniers se sont établis à Constantinople et dans un grand nombre de villes de l'Anatolie et de la Turquie d'Europe. Ils sont arrivés, grâce à leur industrie et à leur activité commerciale, à se faire d'abord tolérer; puis, quand leurs divers trafics leur eurent permis d'amasser quelque argent, ils surent par le mouvement de leurs fonds se rendre nécessaires. Ils se sont trouvés alors sur le même pied que les anciens colons avec lesquels ils se sont confondus. Un certain nombre de ces anciens colons, grâce aux fortunes que le commerce leur avait procurées, étaient devenus les banquiers des pachas, et avaient peu à peu attiré vers eux une grande partie des opérations financières de l'empire. Quelques maisons acquirent ainsi des richesses colossales. Mais

1. *Voyage en Perse et en Arménie*, de M. Amédée Jaubert, 1805-1806, liv. I.

« Le soir, nous parvînmes à la principale source de l'Euphrate, qui, à peine sortie du sein de la terre, roule majestueusement ses eaux dans une vallée spacieuse et profonde. Par malheur cette vallée est exposée aux dévastations des Kourdes. En vain le laboureur y sème-t-il quelques grains : ses moissons lui sont souvent enlevées avant que le soleil ait achevé de les mûrir ; il est obligé d'abandonner ses champs et de fuir avec sa femme, ses enfants et ses troupeaux, pour se soustraire à la fureur des brigands et aux vexations des pachas qui gouvernent la province ; ainsi, dans cette malheureuse contrée, il n'existe ni patrie, ni sécurité, ni repos. »

Même auteur, livre I, chap. XIII.

« Dans l'Orient, les églises chrétiennes ne présentent pas l'aspect imposant de nos temples. Elles s'y ressentent de la dépendance où vivent tous ceux qui professent la religion du Christ. La porte d'entrée est toujours située vers le levant et ne se distingue que par une croix des habitations ordinaires. »

l'avarice ottomane fut bientôt excitée, et souvent des biens trop considérables coûtèrent la vie à leurs propriétaires. Ce dernier genre de péril s'adresse plutôt aux catholiques, que les dissidents désignent à la haine des Turcs pour détourner l'orage qui les menace eux-mêmes[1].

Parmi les Arméniens qui se sont établis dans l'occident de l'empire ottoman, la proportion des catholiques est plus grande

1. Après la guerre de l'indépendance de la Grèce, les puissances occidentales demandèrent à la Sublime Porte que les Arméniens catholiques pussent jouir dorénavant du libre exercice de leur culte. Le gouvernement français fut celui qui prit la chose le plus à cœur et qui, comme c'était justice, une fois qu'elle fut obtenue, en eut tout l'honneur aux yeux des malheureux qu'il protégeait. Ces pauvres gens avaient déjà à cette époque supporté le contre-coup de la victoire de Navarin, et le gouvernement turc s'était vengé sur eux des humiliations que lui faisaient éprouver leurs coreligionnaires. Excité encore davantage par la jalousie et la haine des Arméniens dissidents, il chassa les principaux banquiers catholiques, saisit leurs maisons et les fit sortir de Constantinople, ainsi que tous les Arméniens unis. Il s'empara de leurs biens, et cette population fut ainsi réduite à la plus grande misère. Il fut même défendu sous les peines les plus sévères de leur donner asile. Le divan déclara ne plus reconnaître qu'une seule secte arménienne, et voulut forcer les catholiques à l'abjuration, mais toutes ces persécutions échouèrent devant leur fermeté. La meilleure preuve que l'on puisse donner de la cruauté des Turcs à l'égard des Arméniens catholiques est, sans contredit, l'histoire de la famille Duzzoglou. Les Duzzoglou étaient de riches banquiers, établis à Constantinople, qui, grâce à une excessive probité et à une habileté commerciale très-remarquable, devinrent les plus riches capitalistes de la Turquie. La fabrication des monnaies leur était même confiée par le Grand Seigneur. Leurs immenses richesses excitèrent la cupidité du ministre qui trouva moyen de les perdre dans l'esprit du sultan, et malgré leur innocence, toute la famille fut jetée dans les fers. Des cinq frères dont elle se composait, quatre arrachés de leur prison, par une promesse de liberté, furent livrés au bourreau. Le cinquième n'échappa à la mort que par son absence au moment de l'arrestation, et encore fut-il exilé ainsi que tous les autres membres de sa famille. Tous leurs biens furent vendus à l'encan, et l'on força les Arméniens à les acheter à des taux ruineux qui firent entrer dans les coffres du ministre et du sultan les fortunes d'une grande partie des catholiques.

Ces renseignements sont extraits de la *Notice sur l'Arménie*, par M. E. Boré, publiée dans l'*Univers pittoresque*.

que dans le reste de la Turquie ; on dirait qu'ils ont senti le besoin de se rapprocher des peuples de leur communion et de se placer sous leur égide.

Malgré tous les maux qu'ils ont à supporter, on peut constater que le nombre des catholiques s'accroît de jour en jour, et que leurs compatriotes dissidents commencent aujourd'hui à comprendre que leur secte si désorganisée ne pouvant se rattacher à aucune des grandes branches du christianisme, ils doivent un jour se trouver absorbés, partie par l'Église latine, partie par l'Église grecque. Ce raisonnement, ainsi que les efforts sans cesse renouvelés des Arméniens unis, contribue à en rattacher beaucoup au catholicisme[1].

Ainsi donc, pour résumer l'état actuel des Arméniens dans l'empire ottoman, nous dirons : Que malgré les conversions qui se font petit à petit, la nation est encore, comme partout, divisée en deux sectes qui se haïssent. Que la secte dissidente ne laisse échapper aucune occasion de tyranniser et d'accabler celle qui est restée unie à l'Église latine, et qui, si elle est la moins nombreuse, renferme cependant la partie la plus éclairée et la plus civilisée.

En général, lorsque la race arménienne n'est pas nécessaire, elle est méprisée ; les exactions les plus grandes pèsent sur elle, soit qu'elle reste à l'état de peuple dans ses anciennes provinces, soit qu'elle se trouve disséminée dans tout l'empire. Sa religion, surtout chez les catholiques, y est sans cesse attaquée, et si les Turcs tolèrent ces deux millions cinq cent mille individus, c'est à la condition de ne plus les regarder comme un corps de nation. Enfin, aujourd'hui comme de tout temps, toutes les fois que les Arméniens unis ont été oppri-

---

1. *De la religion chrétienne en Géorgie et dans les pays circonvoisins*, par le colonel Rottiers. — *Journal asiatique*, vol. XI, page 293.

« Plus loin est Arzeroum, une des villes les plus considérables de l'Asie, où la religion catholique opprimée et sans temple fait des progrès considérables ; on porte à plusieurs milliers le nombre des catholiques qui sont parmi ses habitants, sans compter ceux qui se trouvent dans les environs. »

més, c'est vers l'ambassadeur et les consuls de France qu'ils ont tourné leurs yeux; pour eux, Latin veut dire Français; nous sommes leurs protecteurs naturels et c'est de nous qu'ils attendent leur régénération [1].

Il nous reste à montrer l'état de la partie de la nation arménienne actuellement soumise aux Russes; c'est, sans contredit, la moins malheureuse. Le despotisme de ce gouvernement n'est pas à comparer avec celui des Turcs ou des Perses, c'est un despotisme intelligent qui, s'il choque les Occidentaux, n'a pas le même effet sur les populations de l'Orient. S'il paraît dur à certains grands seigneurs de l'empire ou aux peuples qui habitent les confins de l'Europe civilisée et qui se trouvent constamment en rapport avec des nations plus indépendantes, c'est, pour les premiers, parce qu'il frappe en général beaucoup plus sur les hautes têtes, et pour les seconds, parce qu'ils sont envieux des libertés de leurs voisins. Mais si on le considère dans ses rapports avec les peuples barbares qui habitent les steppes orientales de la Russie, on sera forcée de reconnaître sa nécessité et de s'incliner devant son action éminemment civilisatrice. Le despotisme intelligent, au lieu de chasser les peuples barbares des pays qu'ils occupent, les

---

[1]. De la religion chrétienne en Géorgie et dans les pays circonvoisins, par le colonel Rottiers. *Journal asiatique*, vol. XI, page 282.

« Trébizonde est la seule ville, depuis Constantinople jusqu'au Caucase, où l'on voit encore les restes de la splendeur de la vraie religion, malgré les persécutions et les vexations de toute espèce que les habitants ont éprouvées de la part des Turcs, et surtout des Arméniens (dissidents) qui n'ont cessé d'employer leur crédit auprès des mahométans, pour accabler de vexations les catholiques de cette ville, auxquels ils ôtèrent à différentes époques trois églises et un monastère. Les catholiques conservent encore à Trébizonde une église que les persécuteurs n'ont jamais pu leur ôter; elle est située près de leur grand et ancien cimetière, où reposent les corps de tant de martyrs qui furent immolés à différentes époques, comme cela est constaté par plusieurs inscriptions.... »

Et plus loin.

« La foi catholique prospère maintenant à Trébizonde sous la protection du consulat de France. »

attire à lui, les enrégimente pour ainsi dire et leur inculque la civilisation d'une manière qui les blesse sans doute, en réprimant leur indépendance première, mais qui au fond est dans leurs mœurs et qui leur donne en compensation un bien-être beaucoup plus grand; qui les initie lentement, mais sûrement à une vie plus douce. On aura beau attaquer ce principe, il restera toujours debout, c'est le principe de la formation de toutes les sociétés, c'est la loi du monde !

Certainement si l'ambition a poussé les armées du czar dans les contrées situées au sud du Caucase, les cris de détresse des populations n'ont pas moins contribué à les y attirer. En avançant vers le sud, elles sont sûres d'avoir les opprimés pour appui, et cette classe est nombreuse sous la domination musulmane. Lorsque les Russes appellent à eux les chrétiens d'Orient, c'est en leur montrant l'exemple irréfutable des provinces qui leur sont déjà soumises depuis longtemps, et dont la prospérité est le plus bel appât qu'ils puissent offrir.

Quand les Turcs ou les Perses font la guerre, ils procèdent en général par la dévastation; le système employé dans ces pays par les Russes est au contraire l'établissement de l'ordre, aussitôt après la victoire[1].

1. Quand ils envahissent un nouveau territoire, leur premier soin est de rassurer les habitants, à quelque religion qu'ils appartiennent; de promettre que tous les cultes seront non-seulement respectés, mais protégés; ils proclament l'intégrité de la propriété et se rattachent ainsi ceux qui venaient les combattre et qui sont tout étonnés de ne pas voir, comme c'est l'habitude en Orient, le vainqueur exterminer le vaincu. La meilleure preuve que l'on en puisse donner est le texte même de la proclamation du maréchal Paskewitch, après la prise de Kars, le 24 juin 1828. Cette proclamation est tirée de l'*Histoire des campagnes du maréchal Paskewitch en 1828-29*, par Félix de Fonton, chap. VII, page 292 :

« La forteresse de Kars vient de tomber devant les armes russes triomphantes. Les droits de la guerre permettaient de sévir contre une ville prise d'assaut, mais les principes du grand souverain de la Russie sont étrangers à tout sentiment de vengeance. En vous accordant, en son nom, un pardon généreux, je vous prends sous la protection de la Russie. Je

La religion même de la Russie, quoique n'étant pas semblable à celle des Arméniens dissidents, fait partie du christianisme. C'est un point de contact de plus, et un point de contact bien puissant, qu'on ne peut combattre qu'en lui créant un rival, c'est-à-dire en lui opposant l'influence d'une autre nation en communauté de religion avec les Arméniens[1].

Ainsi l'on peut résumer l'état général de la nation arménienne sous le point de vue de ses rapports religieux et politiques avec les peuples qui l'entourent, en disant que les deux sectes qui la composent détestent également le joug des Perses et la domination des Turcs, et tendent, chacune en ce qui lui est propre, à se rapprocher de la grande famille chrétienne. Les dissidents inclinent vers la Russie qui, de son côté,

vous promets la conservation intacte de votre religion, de vos usages, de vos propriétés. Musulmans! rentrés dans vos demeures, vous éleverez paisiblement vos prières vers Dieu dans les mosquées et dans les minarets. Je punirai comme criminel quiconque oserait insulter votre religion ou ses ministres. Vos familles et vos biens seront également en sûreté. Non-seulement je ne vous frapperai pas de nouveaux impôts, mais je veux alléger, autant que possible, ceux qui pèsent sur vous; car l'administration du vainqueur ne doit pas vous tomber à charge. Vous continuerez à être régis par vos lois, et l'équité invariable qui présidera à leur exécution vous donnera l'exemple de la justice la plus impartiale; prêtant l'oreille à toutes les plaintes, on accordera une protection égale aux puissants et aux faibles, aux riches et aux pauvres. La province de l'Adzerbidjan fait foi de ce que vous devez attendre de nous, et, certes, ses habitants ne cesseront jamais de bénir le souvenir des bienfaits de l'administration russe. Mais tous ces bienfaits ne seront que pour les habitants soumis et paisibles, et je sévirai contre ceux qui tenteraient de se révolter ou de troubler l'ordre public. Kars a ressenti la puissance des armes russes, toute nouvelle résistance serait vaine et périlleuse. »

1. La politique russe a commencé à produire son effet sur les Arméniens, et déjà de nombreuses migrations ont eu lieu des territoires persan et turc dans les pays nouvellement occupés par la Russie. La plus remarquable et la plus célèbre est celle qui eut lieu après les victoires du comte d'Erivan sur la Perse, et qui fit passer, au dire des Anglais eux-mêmes, d'après les registres d'église des Arméniens, 47 000 familles de cette nation dans les provinces cédées aux Russes.

fait tout pour favoriser cette tendance, tandis que les catholiques cherchent à se réunir aux peuples latins de l'Occident.

Pendant que la politique moskovite étend son pouvoir sur ces pays si importants pour les débouchés commerciaux de toute l'Asie, les puissances occidentales n'étant pas comme elle poussées par une seule impulsion, non-seulement emploient peu de moyens pour s'opposer à son extension, mais encore en emploient qui se contrarient l'un l'autre. La France et l'Angleterre qui représentent principalement l'Occident sur ce terrain, quoique unies aujourd'hui pour restreindre la puissance russe, n'ont ni mêmes intérêts religieux, ni mêmes intérêts commerciaux, et n'ont pu, par conséquent, arriver jusqu'ici à un résultat d'influence bien considérable. L'on doit dire néanmoins, à la louange de la France, que les moyens qu'elle a employés lui donnent le beau rôle. Les prosélytes qu'elle a faits, elle les doit à ses missionnaires si pieux et si dévoués, et à la protection de ses représentants, protection qui, depuis les croisades jusqu'à nos jours, n'a jamais fait défaut aux catholiques d'Orient, protection qu'ils regardent eux-mêmes comme la plus efficace, et qui aujourd'hui, en devenant plus immédiate, peut seule lutter contre la Russie. C'est là le terrain sur lequel il faut transporter le combat. Dans cette guerre pacifique, les avantages sont à peu près les mêmes de part et d'autre. C'est à qui civilisera le plus l'Orient, et celui qui aura le plus fait dans ce but acquerra par cela même la plus grande part d'influence.

C'est donc aux Français à secourir leurs coreligionnaires, et à les protéger plus que jamais. C'est à eux à leur offrir un appui solide qui puisse contribuer à leur régénération.

Le meilleur moyen d'obtenir ce résultat est, sans contredit, l'établissement de relations suivies entre un territoire français et l'Orient, relations qui, tout en contribuant à l'extension de la civilisation, ouvriraient bientôt de nouvelles voies à notre commerce. Nous croyons qu'on pourrait offrir en Algérie, à ceux des catholiques arméniens qui quittent tous les jours l'empire ottoman pour chercher fortune dans tous les pays, l'appât de terres concédées moyennant de minimes garanties. La protection de nos lois et de notre armée détermineraient un grand nombre de ces exilés volontaires à y chercher la paix et bientôt l'aisance, surtout si, comme centre, comme point de ralliement, ils y trouvaient déjà établis un ou plusieurs couvents de leur nation.

Admettons qu'avec le temps, 20 ou 25 000 Arméniens soient introduits dans nos possessions, et que, comme tout le fait supposer, ils viennent à y prospérer, quels résultats la propagation du catholicisme et l'extension de la civilisation en Orient n'en tireraient-elles pas [1] ?

Les Arméniens catholiques satisfont donc pleinement aux trois conditions que nous avions posées en principe, et dont

1. Les Arméniens catholiques sont en général évalués à un seizième du peuple tout entier. Or, le peuple arménien compte plus de 4 000 000 d'individus dispersés dans tous les pays du monde, c'est donc 250 000 catholiques. Mais nous ne pourrions agir sur tous : un certain nombre ont quitté leur pays depuis longtemps et sont aujourd'hui établis chez d'autres peuples, notamment dans les provinces orientales de l'Autriche, en Transylvanie et en Hongrie, où l'on en compte environ 25 000. Le même nombre, à peu près, se fait remarquer dans la Russie méridionale, et particulièrement dans le bassin du Don, où ils vinrent s'établir après avoir quitté la Crimée lors de l'expédition de Souwarow. Peut-être une douzaine de mille se trouve-t-elle dispersée dans le reste de l'univers. Il en existe donc à peu près 190 000 dans l'empire ottoman, et c'est sur ceux-là que nous proposons d'employer l'influence française. Dans la seule ville de Constantinople on compte 250 000 Arméniens, dont 20 000 environ sont catholiques. Le reste de ceux qui suivent cette religion est dispersé dans l'Asie Mineure et dans la Syrie. Les Arméniens unis de l'empire ottoman ont deux patriarches, l'un réside dans le sud de l'Asie Mineure, l'autre, qu'ils doivent aux intercessions de la France, habite la capitale de l'empire turc, et relève directement du pape ; mais il n'a d'autorité qu'en matières religieuses.

nous croyons qu'il ne faut pas s'écarter si l'on veut obtenir des résultats sérieux.

Indépendamment de l'avantage qui résulterait pour notre colonie d'une augmentation de bras pouvant prêter leur concours à l'agriculture et à l'industrie, l'amour des Arméniens pour le commerce, leur habitude d'un climat semblable à celui de l'Algérie, les rendraient propres à des travaux que les Européens ne peuvent exécuter. Ainsi, par exemple, le commerce du Soudan, du centre de l'Afrique avec l'Europe, se fait aujourd'hui presque tout entier par le Maroc ou par Tunis, où viennent en profiter toutes les nations et surtout les Anglais. Les Européens ne pouvant supporter longtemps la température du désert, ce transit est entièrement livré aux Arabes qui le font sans aucune intelligence, sans aucune garantie et avec une extrême lenteur. Ils sont en outre incapables de donner des renseignements qui puissent favoriser l'extension des échanges, faire connaître les pays d'où sortent les produits dont ils trafiquent et amener à des relations suivies.

Si ces transports prenaient la route de l'Algérie, ils trouveraient protection et sûreté, une fois parvenus aux limites sud du Sahara algérien, là, où l'on rencontre les premières villes qui connaissent et craignent notre force. Aujourd'hui, les négociants arabes qui sortent avec leurs caravanes de l'oasis de Touat pour se diriger sur Fez et Tafilet, et de là sur les ports du Maroc, sont forcés de traverser le territoire des tribus berbères ou kabyles qui occupent au sud du Tell marocain les derniers contre-forts de l'Atlas, et ce passage ne s'exécute pas sans un impôt onéreux. Si le marchand cherche à éviter de payer cette rançon, il voit ses marchandises pillées ; bien heureux encore s'il a la vie sauve !

Ces caravanes quittant un jour ce chemin peu sûr pour se diriger vers nos possessions, rencontreraient les bonnes routes que notre administration a su créer, et par cela même la vitesse des arrivages augmenterait notablement. Les négociants trouveraient dans les ports de l'Algérie, et principalement à Alger, toutes les facilités qu'ils rencontrent d'habitude dans une ville européenne, et y seraient en outre bien plus rapprochés du centre des transactions, qu'à Mogador ou à Tanger.

Pour obtenir ce résultat, il serait à désirer que des maisons de commerce d'Alger ouvrissent des comptoirs sur les deux principales routes que suivent les caravanes venant du Soudan à Insalah ou à R'damès, c'est-à-dire à la sortie du grand désert, là où ces caravanes commencent à se séparer pour se diriger les unes vers l'ouest, les autres vers l'est.

Indépendamment du commerce lointain du Soudan, il existe dans toute l'immense étendue du Sahara algérien, entre cette région et le Tell, un échange de productions qui se fait chaque année avec une grande régularité. Les Arabes de cette contrée diffèrent de ceux qui habitent le Tell, en ce qu'ils ne sont pas tous également nomades. Chaque tribu a, dans les oasis, ses villes entourées de jardins et habitées par une partie de la population, tandis que l'autre, restée à l'état primitif, mène les troupeaux dans les pâturages. Pendant la saison des pluies, les bestiaux trouvent leur nourriture dans les plaines environnantes ; mais quand le soleil a desséché ces maigres prairies, les pasteurs prennent tous ensemble la route du nord, pour chercher sur les limites de nos possessions une végétation plus vigoureuse. Les habitants des villes, de leur côté, confient à ces pasteurs les produits de leur industrie, que ceux-ci échangent dans le Tell contre des grains, qui manquent complétement dans le Sahara. Ils chargent ensuite leurs chameaux d'une grande quantité des produits de l'Europe, et les revendent en détail lorsque, aux approches de l'hiver, ils retournent dans les oasis récolter les dattes et serrer les grains qu'ils ont acquis. Ainsi, le Tell nourrit le Sahara, et cette communauté d'intérêts nécessite chaque année un mouvement de va-et-vient dont nous ne saurions trop profiter, et que nous pourrions encore régulariser et augmenter en établissant, comme sur la route de la Nigritie, des correspondants intelligents.

Mais les Européens, et surtout les Français, sont peu propres à une pareille industrie, qui exige, outre l'habitude du climat, l'absence, pendant de longs espaces de temps, de tous rapports avec des compatriotes. Il n'y a que des hommes nés en Algérie et élevés par nous, ou bien des habitants intelligents de latitudes semblables, qui puissent nous rendre ce service. Parmi ces derniers, les Arméniens, plus que tous les autres, sont aptes à supporter le climat et l'isolement : voyageurs intrépides, ils n'hésiteraient pas à traverser les plaines désolées qui séparent les unes des autres les oasis du Sahara. Ces mêmes hommes, habitués au climat et aux fatigues des longs et pénibles voyages, une fois établis en Algérie, feraient ce que notre nature ne nous permet pas d'exécuter ; ils se créeraient des relations dans un bref délai, et peu à peu leurs factoreries s'étendraient des premières oasis aux suivantes.

Les Arméniens, se concentrant plus que nous dans la vie de famille et étant plus habitués aux mœurs musulmanes, craindraient moins que les Français un long séjour dans les villes africaines. De plus, leur intelligence commerciale, réellement supérieure, et leur facilité à s'approprier toutes les langues rendraient évidemment plus intimes leurs rapports avec les indigènes. Au bout de quelques années, ils auraient affaibli, sinon éteint, l'influence des Maltais, qui, ne sachant que trafiquer, accaparent, au détriment de l'agriculture, la plus grande partie des capitaux.

Le gouvernement russe a compris depuis longtemps quel profit il pouvait tirer des Arméniens. En les établissant à Nakitchevan [1], au centre du pays des Cosaques du Don et sur ce fleuve même, il a voulu former au milieu de ces hordes un centre de civilisation, et son but a été rempli. Cette petite bourgade, barbare autrefois, est devenue une jolie ville où affluent les denrées de tous les pays du monde. En relation à l'ouest avec l'important marché de Leipzig; à l'est avec Astrakan, la mer Caspienne et la Tartarie entière; au sud avec la Géorgie, l'Arménie et l'Asie Mineure, nouvelle Nidji-Nowogorod, elle attire en Russie les produits de tous les pays environnants et les solde avec les blés et les vins des rives du Don, que ce commerce a transformées de déserts stériles en campagnes où se développent aujourd'hui les plus riches cultures. Ne nous montrons donc pas moins sages et moins prévoyants que nos ennemis. Toutes les fois que les Romains revenaient d'une guerre, loin de dédaigner les usages des vaincus, ils ajoutaient à leur législation et à leurs règlements militaires ce qu'ils avaient remarqué de juste ou ce dont ils avaient eu le plus de mal à triompher. C'est en grande partie à cette sagesse qu'ils durent l'empire du monde.

Qu'on suppose les Arméniens établis dans le Touat, à Insalah par exemple, ayant là un entrepôt considérable, pouvant acheter des marchandises à toutes les caravanes à leur sortie du grand désert, pour les écouler ensuite par Timimoum ou

---

1. *Voyages de Clarke en Russie, en Tartarie et en Turquie*, trad. de l'anglais, vol. II, chap. xiv, page 80.

« Dès que les Arméniens sont stimulés par des spéculations commerciales, ils pénètrent dans toutes les contrées, surmontent tous les obstacles, entreprennent souvent par terre des voyages jusque dans l'Inde et dans les pays de la terre les plus éloignés. Quels autres que les Arméniens eussent pu, en se reposant sur les promesses de la Russie, concevoir et réaliser le projet d'établir une source de commerce et de richesses dans un pauvre village du Don (Nakitchevan).

El Guelëa sur El Biod ou El Arouat, Takdnit ou Bou Sa'da et enfin sur Alger ; ils trouveraient sur toutes ces routes protection et sûreté, grâce à la promptitude avec laquelle nous savons frapper les révoltés, promptitude dont ces derniers viennent tout récemment encore de sentir les effets à Figuig et à Meggarin, c'est-à-dire sous ces latitudes brûlantes elles-mêmes. Plus mêlés à ces populations comme marchands que nous ne le sommes comme conquérants, les Arméniens contribueraient eux-mêmes à la sûreté des transactions et faciliteraient la répression des tribus hostiles, en nous tenant sans cesse au courant de leurs dispositions à notre égard.

Établis dans le Touat, ils serviraient d'exemple à ces populations dégénérées, activeraient l'introduction du christianisme et de la civilisation, et établiraient même des relations avec les Touaregs qui occupent l'immensité du désert entre l'oasis de Touat et les rives presque inconnues du Niger. Quelques-uns se hasarderaient peut-être à franchir les 50 ou 60 lieues qui les sépareraient alors du Djebel-Hoggar, repaire des plus féroces Touaregs, et à en gagner quelques-uns. Intrépides comme ils le sont quand il s'agit d'entreprendre des marches pénibles au milieu des dangers, on les verrait probablement par la suite, eux qui n'ont pas craint d'affronter le soleil de la Nubie et de l'Abyssinie, pousser jusqu'à Tombouctou ; faisant flotter le premier de tous notre drapeau sur les bords du Niger ; établissant des rapports constants entre le Sénégal et Tombouctou, Tombouctou et la France; donnant à notre pays le monopole d'un immense commerce qui serait pour nous ce que les grandes Indes sont pour les Anglais ; et, enfin, créant au profit de notre patrie les plus belles pages dans l'histoire de la civilisation du monde [1].

1. Au sud-est de nos possessions, un résultat semblable pourrait être obtenu par Tougourt, Souf, R'damès, Damergou pour l'est de la Nigritie, c'est-à-dire le Bernou et le lac Tchad.

Encourageons donc, par tous les moyens possibles, l'immigration des Arméniens catholiques en Algérie, elle nous y fournirait une population active et industrieuse, habituée au climat et précieuse pour l'établissement de nos relations avec l'Afrique centrale.

PROJET.

L'aptitude des Arméniens à former des colons pour l'Algérie, l'utilité de nos rapports avec eux pour nos relations en Orient, et enfin les heureux résultats qui naîtraient pour notre colonie de leur introduction sur son territoire, ayant été suffisamment démontrés, il reste à étudier les moyens à employer pour arriver au but proposé, c'est-à-dire pour attirer les Arméniens catholiques en Algérie. Nous pensons qu'on pourrait y établir, comme centre d'une colonisation plus étendue, un couvent arménien, et accorder à ce couvent une concession de terre assez vaste pour pouvoir y créer plusieurs villages. Le couvent construirait ces villages à ses frais [1] et y installerait comme ses fermiers des Arméniens catholiques. Le couvent se chargerait de l'éducation des enfants mâles de ces fermiers jusqu'à un certain âge. Cette éducation portant indépendamment du commerce et de l'agriculture sur le français, l'arabe et leur langue nationale, permettrait d'en former plus tard des interprètes instruits [2].

La concession une fois mise en rapport, une partie des bénéfices serait affectée suivant des règles fixées par le gou-

---

1. L'argent nécessaire pour cette installation serait avancé au couvent, soit par le gouvernement, soit par une société particulière, etc. Ces considérations seront le sujet d'un appendice à ce travail.
2. Portfolio. — *Observations sur les Arméniens* (notice tirée d'un ouvrage allemand), vol. IV, page 284. L'auteur de cet article dit, après avoir fait connaître la fondation de l'Institut lazaréen à Moscou :
« Outre la tâche commune à tous les établissements d'éducation en Russie de former des élèves pour le service militaire et civil, l'institution arménienne de Moscou a pour but également, en tant que l'instruction pratique dans les langues orientales y est jointe à l'instruction théorique,

vernement, à payer le passage d'autres Arméniens pauvres de l'Orient en Algérie.

Enfin le gouvernement réserverait autant que possible dans le voisinage du couvent une très-grande quantité de terres, destinées par la suite à être concédées aux Arméniens qui seraient attirés par l'exemple de leurs prédécesseurs. Les conditions pécuniaires exigées de ces Arméniens pourraient être moins rigoureuses que celles imposées aux colons européens, car, nous l'avons déjà démontré, ils offriraient de plus grandes garanties à leur patrie nouvelle.

Pour réussir dans une semblable entreprise, il importe que le gouvernement français ait recours à un intermédiaire qui, par ses relations avec la nation arménienne, peut seul mener à bonne fin une semblable entreprise.

« Le couvent de Saint-Lazare de Venise est situé, dit M. Adalbert de Beaumont [1], dans l'île de San-Lazzaro, à un quart de lieue environ de la ville. De loin, sur la lagune, l'enceinte du couvent avec ses immenses berceaux de vigne, ses bâtiments vermeils dont le soleil double l'éclat, et son campanile construit dans le style oriental des minarets, apparaît comme une oasis dans le désert ; et rien n'est plus charmant, plus poétique que ce séjour de science et de piété. »

Cette île, autrefois le réceptacle des lépreux, fut cédée par le sénat, en 1717, au savant moine arménien Mékitar, chassé de Morée avec ses disciples, lors d'une invasion des Turcs ; il

---

de former d'abord des premiers interprètes qui puissent rendre d'importants services à la Russie dans *ses relations politiques et commerciales avec l'Asie;* puis des instituteurs et des prêtres pour les églises arméniennes de l'empire. On est bien près d'avoir atteint le but qu'on s'est proposé. Un nombre considérable d'élèves, après avoir terminé leurs études dans l'institution, ont suivi depuis les cours de l'Université de Moscou et y ont gagné divers degrés académiques. D'autres se sont consacrés au service militaire; d'autres, entrés dans la carrière civile, se sont distingués comme instituteurs attachés aux autres écoles arméniennes. »
1. *Revue orientale et algérienne*, tome Ier. Les mékitaristes, page 71.

y fonda la maison de Saint-Lazare, qui est aujourd'hui le plus important des couvents catholiques de sa nation.

Le but de cette institution fut de créer un ordre religieux adonné à l'éducation qui, initiant de jeunes Arméniens aux sciences et aux arts modernes, les mît à même, une fois revenus dans leur pays, d'étendre la religion catholique chez leurs compatriotes et de relever le moral de leurs nationaux.

Ces moines font venir d'Orient de jeunes Arméniens, les instruisent, les mettent à même de suivre plus tard, dans leur pays, les progrès de l'Occident.

Les mékitaristes, en prenant de l'extension, ont fondé plusieurs autres maisons de leur ordre, qui ont rendu et rendent encore de grands services à la nation arménienne. Elles sont situées à Constantinople, à Trébizonde, à Karaçou Bazar, en Crimée, à Vienne, à Venise et enfin à Paris. La plupart de ces succursales durent leur naissance à des dons particuliers faits par de riches compatriotes. Aujourd'hui, ce sont ces mêmes mékitaristes qui, grâce à l'importance de leurs services, représentent la nation arménienne catholique en Occident; ils sont, pour ainsi dire, le centre d'où émane tout ce qui peut intéresser ce peuple infortuné, et leur but principal étant la régénération de leurs nationaux, ils ne peuvent que seconder activement une institution se proposant la même fin. Ils ne peuvent voir sans plaisir un peuple comme le peuple français créer une institution qui peut contribuer à civiliser les Arméniens. Rien ne fait mieux voir la justesse de cette assertion que ces mots de M. Adalbert de Beaumont : « Le but principal des moines de Saint-Lazare est, comme on le croit, de montrer à leurs frères la route qu'ils doivent suivre pour être un jour capables de défendre et de soutenir leur nationalité. Le concours de la France doit d'autant plus leur être assuré que, dans les élans d'un patriotisme éclairé, ces religieux combattent avec énergie un entraînement trop général en Orient, celui de recourir à la protection toute-puissante de la Russie, sans réfléchir que c'est changer de maître et non conquérir l'indépendance. A ce seul titre, toutes nos sympathies doivent leur être acquises. »

Tel est l'intermédiaire auquel le gouvernement français devrait s'adresser. Les moines seraient fournis par ce couvent qui, nous en sommes persuadé, emploierait tout son crédit auprès de ses nationaux pour seconder l'institution à laquelle nous proposons de donner naissance. Ajoutons que le gouvernement aurait certainement à cœur d'obtenir en cette circonstance l'appui direct du pape, dont l'autorité ne manquerait pas de donner à cette entreprise le grand caractère auquel elle a le droit de prétendre.

Ch. Lahure, imprimeur du Sénat et de la Cour de Cassation
(ancienne maison Crapelet), rue de Vaugirard, 9.

www.ingramcontent.com/pod-product-compliance
Lightning Source LLC
Chambersburg PA
CBHW060937050426
42453CB00009B/1048